edition + **plus**

Jesper Juul

Wollen wir wirklich starke und gesunde Kinder?

Ein politischer Essay

02
familylab
Schriftenreihe

Jesper Juul

Wollen wir wirklich starke und gesunde Kinder?

Ein politischer Essay

Übersetzungslektorat: Nuka Matthies, Berlin
Verlagsredaktion: Mathias Voelchert GmbH
Umschlaggestaltung: Mathias Voelchert GmbH
Typografische Bearbeitung und Satz: Sead Mujić
Herstellung BoD – Books on Demand, Norderstedt
Printed in Germany
ISBN 978-3-935758-52-9

Dieses Buch ist auch als Hörbuch erhältlich,
gesprochen von Jesper Juul
Wie auch als eBook mit der ISBN 978-3-935758-53-6

edition + plus
1. Auflage 2014

Kontakt: mvg@mathias-voelchert.de
www.familylab.de
www.beziehungenimwandel.de

www.jesperjuul.com
www.family-lab.com

Inhalt

Wer die Verantwortung für sein Leben nicht übernimmt, wird Opfer.

Jesper Juul

In dieser familylab-Schriftenreihe finden Sie zeitlose Gedanken zu Beziehung und Familie von Jesper Juul, und anderen Autoren. Die Überlegungen können Eltern, Lehrern, Mitarbeitern, Menschen in Leitungsfunktionen, wie auch Fachleuten dazu dienen, die Qualität ihrer Beziehungen zu reflektieren und zu modifizieren.

Der Autor

Jesper Juul, 1948 in Dänemark geboren, ist Lehrer, Gruppen- und Familientherapeut, Konfliktberater und Buchautor. Er war bis 2004 Leiter des »Kempler Institute of Scandinavia«, das er 1979 gründete. Mit 16 Jahren fuhr er zur See, jobbte später als Bauarbeiter, Tellerwäscher und Barkeeper. 1972 schloss er sein Studium der Geschichte, Religionspädagogik und europäischen Geistesgeschichte ab. Statt die Lehrerlaufbahn einzuschlagen, nahm er eine Stelle als Heimerzieher und später als Sozialarbeiter an und bildete sich in Holland und den USA bei Walter Kempler zum Familientherapeuten weiter. Seit Anfang der 1990er Jahre arbeitet er in Kroatien mit Flüchtlingsfamilien. Er lebt heute in Dänemark. 2006 gründete er das familylab, das mit Elternkursen und Schulungen in Deutschland, Österreich, der Schweiz und vielen weiteren Ländern aktiv ist. Seine Bücher wurden in viele Sprachen übersetzt.

Vorwort

Ich trage den Inhalt dieses Essays zwar schon seit vielen Jahren in mir, aber erst, nachdem ich einen bestimmten „Fall“ innerhalb des deutschen Jugendhilfesystems betreut hatte, habe ich mich plötzlich dazu veranlasst gesehen, mich hinzusetzen und zu schreiben. Das hätte mir fast überall auf dieser Welt passieren können, und es ist mir sehr wichtig, dass die entsprechenden Fachleute das, was ich hier schreibe, nicht persönlich nehmen. Ich weiß, wie engagiert und hart Sie alle arbeiten und wie frustriert Sie manchmal über das Ergebnis ihrer Arbeit sein müssen.

Ich fühle mich ein bisschen wie der Junge in H. C. Andersens Märchen „Des Kaisers neue Kleider“, wenn ich auf das hinweise, was für viele so offensichtlich ist und das dennoch für die Entscheidungsträger in unseren Ländern und Gemeinden ein vollständiges Geheimnis zu sein scheint.

Ich glaube, dass ich das so erlebe, weil ich mich irgendwie unqualifiziert fühle. Ich habe 40 Jahre lang als Angestellter und auch als Berater in öffentlichen Einrichtungen im Bereich der Sozialarbeit und des Gesundheitswesens gearbeitet. Fast genauso lang arbeite ich schon als Social Entrepreneur in diesem Bereich. Ich habe mit tausenden sowohl zerrütteten als auch funktionierenden Familien in den verschiedensten Ländern, mit emotional zerstörten Kindern, Jugendlichen und Erwachsenen und einer großen Bandbreite von Fachkräften, die diesen Menschen zu helfen versuchen, gearbeitet. Ich bin überzeugt, dass die meisten dieser Begegnungen sowohl für mich als auch für alle anderen Beteiligten wertvolle Lernerfahrungen gewesen sind. Gleichzeitig habe ich im Laufe der letzten 15 Jahre beobachten müssen, wie die Politik der jeweiligen Regierungen die eigenen Organisationen, Einrichtungen und Projekte und – was noch bedeutender ist – den Großteil derer, die auf Hilfe angewiesenen sind, verkrüppelt hat.

Das passierte fast ungeachtet der enormen Summen an Geld, die genau diesen Organisationen zuflossen, und der Grund dafür ist für mich offensichtlich – so kam ich auch auf den Jungen, der darauf hinweist, dass der Kaiser nackt ist. Dass ich an meiner eigenen Leistung zweifle, liegt daran, dass die politischen Entscheidungsträger und ihre vielen hochqualifizierten Berater davon überzeugt zu sein scheinen, dass der Kaiser keineswegs nackt ist, sondern dass er sogar eine außergewöhnlich kostbare Robe trägt. Lassen Sie mich also meine Beobachtungen und Schlussfolgerungen enthüllen und den Spott dafür riskieren.

In jeder öffentlichen Einrichtung sollte es eine verhältnismäßige Balance zwischen den zwei folgenden einander widersprechenden Wertegruppen geben: den *bürokratischen* Werten und den *professionellen* Werten. Die bürokratischen Werte dienen den politischen und administrativen Kontrollorganen und die professionellen Werte den Bedürfnissen der Menschen. Sie widersprechen sich deshalb, weil die Bürokratie keine Fehler erlaubt, wohingegen Fachkräfte experimentell und kreativ arbeiten müssen, um ein

Maximum an Qualität zu erreichen. Um das tun zu können, müssen sie Fehler machen dürfen und Raum für Misserfolge haben. Diese verhältnismäßige Balance existiert nicht mehr. Die bürokratischen Werte haben fast vollständig die Oberhand gewonnen, und die professionellen Werte sind verschwunden.

Die Folge ist eine sehr empfindliche Balance zwischen dem, was *korrekt* ist und dem, was *richtig* ist. Der beunruhigende Status Quo ist, dass die Distanz und der Unterschied zwischen dem korrekten und dem richtigen Weg zu einer fast unüberwindbaren Kluft geworden sind – mit dem Ergebnis, dass all die Menschen, die *richtige* professionelle Hilfe und Leistungen benötigen (und auch dafür bezahlen), diese nicht mehr bekommen. Sie bekommen lediglich die *korrekte* Leistung und Hilfe. Die Folgen davon zeigen sich in den öffentlichen Budgets: Die Leistungen werden immer weniger hilfreich, und die Kosten steigen folgerichtig in einem alarmierenden Tempo. Die Folgen zeigen sich auch täglich in den Medien. Berichte von Klienten, Patienten und deren Angehörigen belegen die schlechte Qualität der öffentlichen Leistungen in allen Belangen, und die Antwort, die diese Leute meist bekommen, ist, dass alle Entscheidungen, Vorgehensweisen und Berichte völlig korrekt waren.

Korrektheit und Gleichheit vor dem Gesetz war und ist die Idee hinter der Bürokratie, und meine Feststellung sollte deshalb nicht als Kritik an der Bürokratie an sich gesehen werden. Meine Kritik richtet sich an die Politiker, um sie darauf aufmerksam zu machen, dass das derzeitige Paradigma der öffentlichen Verwaltung auf einen Selbstmord zusteuert. Glauben Sie bitte nicht, dass es helfen wird, die Kosten zu senken oder mehr Geld zur Verfügung zu stellen. In vielen Ländern haben die entsprechenden Einrichtungen genug Geld zur Verfügung.

Alles was Sie tun müssen, ist die Möglichkeit für eine bessere Balance schaffen, und die Mittel für diese Aufgabe finden Sie in den Köpfen und nicht in den Schatzkisten.

Lasst die Ärzte los, um ihr Handwerk zu praktizieren, die Lehrer, um zu lehren und sich zu kümmern, die Therapeuten, um zu helfen, die Pädagogen, die Krankenschwestern und alle anderen, um zu betreuen und zu pflegen und die Sozialarbeiter, um die Opfer von Vernachlässigung und Missbrauch zu finden und ihnen zu helfen. Und bitte, macht schnell, oder wir gehen nicht nur in sprichwörtlicher Weise bankrott.

Einleitung

Ich habe jetzt 40 Jahre mit Familien und pädagogischen Einrichtungen wie Kinderkrippen, Kindergärten und Schulen gearbeitet und zusammengearbeitet und viel darüber geschrieben, und ich fühle mich heute dazu veranlasst, die Frage zu stellen, die diesem Essay den Titel gibt: Wollen wir wirklich starke und gesunde Kinder? Ich persönlich kann diese Frage mit einem klaren JA beantworten. Der Tag, an dem wir dazu fähig sind, starke und gesunde Kinder aufzuziehen und zu unterrichten, wird ein riesengroßes Geschenk sowohl für die Kinder als auch für die Eltern, Pädagogen und diejenigen, die für die Wirtschaft unserer Länder verantwortlich sind, sein. Denken Sie daran, dass Kinder und die Kindheit nur die ersten Schritte auf dem Weg zum jungen Erwachsenen, zum Erwachsenen, zum Menschen mittleren Alters und zum alten Menschen sind. Tatsächlich sprechen wir also über uns alle, unabhängig vom Alter.

Von dem Tag an, an dem ich das Buch „Dein kompetentes Kind“ veröffentlicht habe, bin ich sowohl von Gegnern als auch von Befürwortern als ein Freund der Kinder bezeichnet worden. Vom ersten Tag an habe ich diese Ehre zurückgewiesen, wann immer ich in öffentlichen Vorträgen oder Interviews die Gelegenheit dazu hatte. Während meines gesamten beruflichen Lebens als Berater, Psychotherapeut und Familientherapeut habe ich versucht, Erwachsene, die sich selbst in destruktiven Konflikten mit Kindern und Jugendlichen befanden, zu inspirieren und ihnen zu helfen, indem ich den Fokus auf die Qualität der Beziehung zu ihren Kindern gelegt habe. Ich bin davon überzeugt, dass diese Anstrengung vielen Kindern geholfen hat, sich in die Richtung eines besseren und erfüllteren Lebens zu bewegen, doch das war eher eine Begleiterscheinung meiner Arbeit mit den Erwachsenen, ihrem Verhalten, ihren Einstellungen und ihren Werten. Mein professioneller Schwerpunkt lag nie auf dem Einzelnen, sondern auf dem zwischenmenschlichen Phänomen, das entscheidend für unsere Gesundheit und unser Wohlbefinden ist.

Während all dieser Jahre wurde mein Fokus auf Beziehungen als Novum, als Avantgarde und sogar als politische Provokation betrachtet, obwohl Theorie und Wissenschaft immer auf meiner Seite und auf der Seite all jener waren, die in die gleiche Richtung arbeiteten und zu den gleichen Erkenntnissen gelangten.

Ich war nie der Urheber dieser Ideen, sondern lediglich ihr Bote. Als „Dein kompetentes Kind“ 1995 veröffentlicht wurde, hat man es als alles Mögliche bezeichnet – von „Das pädagogische Lehrbuch des Jahrhunderts“ bis hin zum „politischen Manifest“. Das Buch war nicht als politisches Manifest gedacht, dieser Essay dagegen schon! Mein Buch war eine logische Folge der Erfahrungen meiner 25-jährigen Arbeit mit Erwachsenen-Kind-Beziehungen, und ich hatte die Vorstellung, dass die Leser mit der gleichen Freude und Erleichterung darauf reagieren würden, die ich selbst erlebt hatte und die viele meiner Klienten und Schüler zum Ausdruck gebracht hatten. Ich betrachtete mein Buch einfach als gute Neuigkeit für all die Eltern, Lehrer und Sozialarbeiter, die mit Frustration und Enttäuschung zu kämpfen hatten. Es gab viel Freude, aber auch eine Menge Aggression, und ich brauchte eine weitere Dekade, um die Aggression vollständig zu verstehen und sie zu würdigen.

Im Nachhinein betrachtet haben mein Buch und die klinische Arbeit am Kempler Institute of Scandinavia (heute dfti.dk) in vielerlei Hinsicht ein neues Paradigma in der Erziehung eingeleitet. Wir waren uns dessen nicht bewusst, bis in den späten 1980er und frühen 1990er Jahren Wissenschaftler wie Dr. Daniel N. Stern, Dr. Peter Fonagy, Dr. Remo Largo und Dr. John Bowlby begannen, ihre Ergebnisse gemeinsam mit den Erkenntnissen aus der Neurobiologie und der Neuropsychologie zu veröffentlichen. Insbesondere die Neurowissenschaft mit ihren Möglichkeiten, die Ergebnisse ihrer Forschung durch Farbbilder und Bildschirmaufnahmen zu dokumentieren, gab uns Zuversicht. Wir begannen zu hoffen, dass wir vielleicht „all diesen Unsinn“ und all die abwehrenden moralischen Haltungen hinter uns lassen könnten, um endlich damit anzufangen, uns um die Zukunft der Erziehung und der Elternschaft zu kümmern, statt zu reparieren und zu reformieren, was in Wirklichkeit nicht mehr zu reparieren war.

In einfachen Worten bedeutet ein neues Paradigma eine neue Perspektive. Statt die Dinge aus dem ewig gleichen alten Winkel zu betrachten, wählen wir einen neuen Blickwinkel, und indem wir das tun, sehen wir Neues und machen überraschende Entdeckungen. Aufregend, nicht wahr? Die Realität scheint zu sein, dass Menschen generell konservativ und sogar nostalgisch sind, und die Tatsache, dass das menschliche Gehirn in Gegensätzen statt in Alternativen denkt, macht es nicht einfacher, neue Perspektiven vorzuschlagen.

Aber, werden Sie sich vielleicht fragen, warum sollten wir uns nach einem neuen Paradigma umsehen? Wieso bemühen wir uns nicht um Stabilität und Verbesserung? Die Antwort darauf ist, dass das existierende Paradigma für uns nicht funktioniert, und ich hoffe, dass es mir gelingt, das in diesem Essay zu belegen. Das alte Paradigma war für mehr als zwei Jahrhunderte die zugrunde liegende These für unsere Meinungen, Theorien und unser Verhalten. Obwohl jede Generation neue Ansichten formuliert hat, sich unser Verhalten angepasst, humanisiert und modernisiert hat und das politische System in unseren Gesellschaften sich dramatisch verändert hat, sieht es so aus, als wären wir festgefahren und nicht in der Lage, die Ziele zu erreichen, die von den meisten modernen Gesellschaften formuliert wurden. Was wir im westlichen Teil der Welt, abgesehen von der Demokratie, erreicht haben, ist, dass wir reich geworden sind – viel reicher, als irgendjemand es sich vor 60 Jahren, als ich geboren wurde, hätte vorstellen können. Unsere Ernährungsweise mag vielleicht ein Problem sein, aber drei Mahlzeiten am Tag sind in immer mehr Ländern für immer mehr Menschen selbstverständlich. In Folge richtet sich unser Fokus nicht mehr nur auf das Überleben an sich, sondern nun auch auf die Qualität des Lebens, sowohl für Kinder als auch für Erwachsene. Noch vor einem kurzen Jahrhundert wäre dies utopisch erschienen, und für einen Großteil der Weltbevölkerung ist es das immer noch.

Seit Sigmund Freund und insbesondere, seit die moderne Psychotherapie vor ungefähr 60 Jahren in Erscheinung trat, haben wir sehr viel über die Menschen und deren Beziehungen mit anderen gelernt, und wir konnten vieles von der Weisheit früherer Generationen bestätigen, während anderes einfach vergessen oder ausgelöscht wurde. Das Wichtigste war, dass wir die Einzigartigkeit jedes einzelnen Menschen entdeckt haben und dass wir herausgefunden haben, was dazu führt, dass der Mensch leidet, und was, dass es ihm gut geht. Nachdem ich über die Jahre die Folgen von unterschiedlichen politischen Systemen erleben konnte, bin ich nun überzeugt, dass eine wahre Anerkennung dieser Erkenntnis nur in den Ländern möglich ist, in denen demokratische Werte vorherrschen. Doch allein die Tatsache, dass es möglich ist, bedeutet noch nicht, dass damit die Umsetzung der entsprechenden Strategien gewährleistet ist, was ich in Folge versuchen werde, aufzuzeigen.

Hinsichtlich der Kinder gibt es keinen Zweifel daran, dass es uns gelungen ist, deren Leben in vielen Belangen zu verbessern. Die Mehrzahl der Kinder lebt heute ein Leben, das nicht von Angst und Sorge geprägt ist, und ihnen wird das Recht zugestanden, für sich selbst zu sprechen. Es war eine große Errungenschaft des 20sten Jahrhunderts, dass in so vielen Ländern die körperliche Bestrafung verboten wurde, wenngleich dies nicht ohne massiven Widerstand auch von intelligenten Erwachsenen vonstatten ging.

Seit 2005 habe ich den Großteil meiner Arbeitszeit mit fürsorglichen, aufrechten, engagierten und aufgeschlossenen Eltern verschiedenster Herkunft und Kulturen verbracht – Eltern, die anders sein wollten als ihre Vorfahren, die etwas für ihre Kinder bewirken wollten und die ihnen, wo immer möglich, eine bessere Basis für ihr Leben bieten wollten. Ihre Hingabe ist beeindruckend, und sie alle sind auf ihre eigene Art und Weise erfolgreich. Das Gleiche kann man über viele herausragende Kindergärten, Schulen und Projekte für Kinder und Jugendliche mit Schwierigkeiten sagen. Trotzdem stellen diese immer noch eine sehr kleine Minderheit dar, und in den meisten Fällen bekommen sie bürokratische und politische Hindernisse von den Stellen in den Weg gelegt, die ihnen eigentlich danken sollten, indem sie Taten sprechen lassen.

Eine andere Sache, die ich herausgefunden habe, ist, dass der Großteil der Eltern und Fachkräfte tief im Innersten genau das will, was auch meine Eltern und Lehrer wollten, nämlich nette, wohlerzogene und gehorsame Kinder, die sich anpassen und fügen.

Der Unterschied zu damals ist, dass sie dies heute in einer viel freundlicheren und weniger gewalttätigen Form erreichen möchten als noch vor 60 Jahren. Einer der Gründe für diesen Widerspruch scheint zu sein, dass diese Menschen sich eine Lebensqualität für ihre Kinder wünschen, die sie selbst noch nicht erfahren haben. Sie möchten, dass ihre Kinder aufblühen und ihr individuelles Potential entfalten können, ohne dass sie selbst diesen Prozess durchlaufen hätten, und das schränkt natürlich ihre Kompetenz als Wegweiser für ihre Kinder ein. Ich meine das nicht als Kritik an diesen Eltern und Pädagogen. Ich möchte damit nur veranschaulichen, dass sie sich einer Herausforderung stellen, für die sie ihre eigene Erziehung nicht ausreichend qualifiziert hat, und das ist wirklich ein mutiges Unterfangen.

Das Gleiche gilt auch für die größte Frage von allen: *Was macht eine gute elterliche beziehungsweise erwachsene Führung aus?*

Wir kennen die Antwort aus Unmengen von Untersuchungsergebnissen und praktischen Erfahrungen. Die Schlüsselelemente sind: persönliche Verantwortung, Integrität, Authentizität, Verfügbarkeit und Verbundenheit bei den Eltern beziehungsweise Beziehungskompetenz bei den Fachkräften.

Das heißt, dass Eltern eine Idee und einen Traum verfolgen, ohne das entsprechende verinnerlichte Wissen und die Erfahrung in Hinblick auf die notwendigen Schritte und die möglichen Fallstricke zu besitzen. Sie versuchen nicht nur, die Gebräuche ihrer Eltern und Großeltern zu verbessern. Sie versuchen, gleichzeitig das Fundament und das Dach des Hauses zu bauen. Das ist ein historisches Dilemma, das ihnen die Geschichte hinterlassen hat, und sie alle verdienen größte Bewunderung und Dankbarkeit für ihren Versuch, diese Mission zu erfüllen.

In jeder Familie, in jeder Gruppe von Kleinkindern, in jedem Klassenzimmer und in jeder Straßengang gibt es einen Weg, diese Mission zu erfüllen. Dieser Weg mag schwierig erscheinen, weil er neu ist, aber nur er kann den Prozess in Gang bringen. Dieser Weg setzt voraus, dass man jedem Kind eine Stimme gibt und dass die Erwachsenen den Mut haben, zuzuhören und offen für die Nachrichten der Kinder zu sein – das heißt, sie müssen auch den Mut haben, verletzlich zu sein. Diese Art, zu leben, zu arbeiten und miteinander zu leben, ist weit mehr als Demokratie. Wir Erwachsene müssen den Willen und den Mut zeigen, mehr zu lernen als zu lehren, und vor allem müssen wir lernen, unseren Kindern und ihrer Fähigkeit, das Gleiche zu tun, zu vertrauen. Ohne dieses wohlverdiente Geschenk sind unsere Kinder verloren und müssen ihren Weg allein finden. Der Schlüsselbegriff ist *Gleichwürdigkeit,* den es nur in einer Handvoll Sprachen gibt und der im Englischen erst geschaffen werden musste, um den Unterschied zur *Gleichheit* herausstellen zu können. Gleichheit ist ein politischer Ausdruck, und in diesem Sinne würde niemand fordern, dass Kinder und Erwachsene gleich sein sollten. Der Unterschied zwischen ihnen ist in Hinblick auf ihre jeweilige Macht einfach zu groß.

Warum erscheint all das so vielen Erwachsenen so gefährlich?

So weit ich das sehe und höre, läuft alles auf die Frage der Macht hinaus. Es war ein integrierter Bestandteil des alten Paradigmas, dass die Eltern im Verhältnis zu den Kindern alle Macht besitzen mussten. Bis vor kurzem wurde Kindererziehung als Machtkampf gesehen (und auch so erlebt), und es war Konsens, dass die Erwachsenen jedes Mal und immer gewinnen mussten. Heute finden wir in Familien und Schulklassen Erwachsene, die ihre Macht aufgrund der negativen Erlebnisse mit ihren Vorbildern nicht mehr ausüben wollen, und ihr Verhalten verwirrt die Kinder und macht sie wütend, was wiederum destruktives und selbstzerstörerisches Verhalten zur Folge hat.

Vom europäischen Rat wurde relativ erfolgreich der Begriff „Positive Elternschaft“ eingeführt, um physische Bestrafung zu vermeiden. Dennoch wurde dabei die Hintertür zu milderen Formen der Bestrafung offen gelassen. Vielleicht geschah das in dem Glauben, dass diese notwendig für die Eltern und gut für die Kinder seien, vielleicht aber auch, weil die Verantwortlichen in Bezug auf Politikgestaltung klüger sind als ich.

Lassen Sie uns also das Konzept der Macht in zwischenmenschlichen Beziehungen zwischen Erwachsenen und Kindern etwas genauer anschauen.

Das Paradox der Macht und wie man damit umgehen kann

Ich bin in einer gewöhnlichen dänischen Arbeiterklassefamilie, in der es keine physische Gewalt gab, aufgewachsen. Einer der Lieblingssprüche meiner Eltern war: „Deinen Willen habe ich in meiner Tasche – und dort bleibt er auch!" Das war eine despotische Familienstruktur, in der Kinder sich zu benehmen und ruhig zu sein hatten, und so war das Leben. Es hat niemanden interessiert, wer wir als Individuen waren oder wie wir uns fühlten und unser Leben wahrnahmen. Diese Regeln und das vollständige Fehlen von Anerkennung hatten nichts mit Böswilligkeit, Lieblosigkeit oder gar mit einer Entscheidung der Eltern zu tun. So war es einfach – überall in jeder Familie und in jeder Schule. In mehr als 80 Prozent aller Familien war es üblich, physisch und verbal zu misshandeln – entweder, um die Hilflosigkeit der Eltern zu vertuschen, oder als Strafe, weil man nicht hundertprozentig gehorsam war. Das Gleiche galt für die Schulen. Was die Misshandlung auslöste, hatte nichts damit zu tun, was wir taten oder in welchem Zusammenhang wir es taten. Es ging nur um die Gehorsamsverweigerung an sich.

Das Ziel war so klar wie einfach: gute soziale Umgangsformen zu erzielen, das heißt, höflich zu sein und sich dem Willen jeglicher Autoritäten zu fügen. Dies war oft ein Abbild des Lebens der Erwachsenen in der industriellen Gesellschaft, in der auch die Väter und Mütter von ihren Arbeitgebern misshandelt, unterdrückt und entmenschlicht wurden.

Die heutige Gesellschaft und Wirtschaft agiert nach anderen Standards – zumindest meistens und in vielen Teilen der Welt. Körperliche Gewaltanwendung wurde in Familien und auch in Einrichtungen gesetzlich verboten, doch die Demütigung von Kindern und Erwachsenen ist längst nicht vorbei, und noch immer findet elterliche Gewalt gegen Kinder in ungefähr 50 Prozent aller Familien statt – nicht so oft wie vor 50 Jahren und meistens ungewollt und von einem schlechten Gewissen begleitet.

Wir haben uns weiter entwickelt, sind zivilisierter geworden und was noch wichtiger ist: Wir haben das individuelle menschliche Wesen unabhängig vom Alter anerkannt, und sogar die Misshandlungen von Kindern und Angestellten sind weniger geworden. In Bezug auf das allgemeine Wohlergehen haben wir es innerhalb nur eines halben Jahrhunderts weit gebracht.

Und trotzdem schlagen wir uns noch immer mit dem Prinzip der Macht herum. Wie und wann sollen wir sie ausüben?

Um dies näher zu erläutern, muss ich eine klare Unterscheidung zwischen Eltern (oder jenen, die die biologischen Eltern ersetzen) und Fachkräften treffen. Das Prinzip ist zwar dasselbe, doch der Einfluss auf die persönliche und psychosoziale Entwicklung des Kindes ist ein ganz anderer. Eltern haben einfach einen größeren Einfluss als Fachleute – im guten wie im schlechten Sinne.

Elterliche Macht

Elterliche Macht besteht auf zwei Ebenen: auf der existentiellen und auf der politischen. Die existentielle Macht der Eltern liegt in deren Fähigkeit, die notwendige Qualität der Beziehungen innerhalb der Familie als Ganzes und in der jeweiligen Eltern-Kind-Beziehung herzustellen, oder einfacher ausgedrückt: in ihrer Fähigkeit, ihre Liebe auch in liebevolle Handlungen umzusetzen, so dass sich jedes einzelne Kind geliebt und wertvoll fühlt – auch im Rückblick. Die Geschichte ist voll von erwachsen gewordenen Kindern, deren Eltern ganz sicher eine emotionale Liebe zu ihren Kindern empfanden, aber die sich selbst niemals als die Personen, die sie waren, geliebt fühlten und die dann selber Eltern mit einem sehr geringen oder gar keinem Selbstwert und mit einer Menge Scham- und Schuldgefühlen wurden. Sie wussten zwar, dass ihre Eltern sie liebten, und sie liebten sie auch, aber sie haben es nie geschafft, sich selbst zu lieben und wertzuschätzen. Dieses Paradox und das absolute Vertrauen von Kindern in ihre Eltern sind die Gründe dafür, dass so viele Eltern ungewollt Teile der Verhaltensmuster ihrer Eltern wiederholen – insbesondere jenes Verhalten, das sie selbst in ihrer Kindheit als schmerzhaft empfanden.

Diese enorme Macht spielt auch eine entscheidende Rolle bei der Entwicklung des kindlichen Gehirns – nur durch eine Gnade der Natur ist unser Gehirn ein formbares Organ, das sich auch über die Erfahrungen der Kindheit hinaus entwickeln kann. Mit dieser

Macht werden Eltern von der Natur ausgestattet, sobald sie ihr erstes Kind empfangen, und dennoch ist das eine Macht, derer sich viele Eltern entweder nicht bewusst sind, die sie nicht fähig sind auszuüben oder die sie bewusst ignorieren. Stattdessen kämpfen sie um die Macht, ihr Kind zu füttern, es anzuziehen, seinen Schlaf, sein Weinen, sein Trockenwerden, seine Spieltreffs und seine Hausaufgaben zu bewältigen. Das ist nicht nur unverhältnismäßig, es ist insgesamt gesehen eine große Energie- und Zeitverschwendung, die nur zu endlosen Machtkämpfen oder – noch schlimmer – zur absoluten Unterwerfung des Kindes führt, was wiederum Mangel an Selbstwertgefühl, sowie an Lebens- und Gesundheitskompetenz nach sich zieht.

Aber – und das dürfen wir nie vergessen – das alles vermittelt Eltern auch das Gefühl, wertvoll für das Leben und die Entwicklung ihrer Kinder zu sein. Unser Bedürfnis und unser Wunsch danach, uns wertvoll zu fühlen, sitzt so tief in uns allen, dass wir oft vergessen, zu überprüfen, ob all das, was wir tun, auch wirklich wertvoll für diejenigen ist, für die wir es tun. Um dieses Ungleichgewicht und manchmal auch diese Illusion zu korrigieren, müssen wir die Kunst des Dialoges lernen. An diesem Punkt der Geschichte scheint mir der Dialog der beste Weg zu sein, Eltern dazu zu ermutigen und zu befähigen, den Filter zu entfernen, der sie davon abhält, in echten Kontakt mit ihren Kindern und sich selbst zu treten. Dieser Filter besteht aus den elterlichen Rollen oder besser gesagt dem Gefühl der Verpflichtung, eine solche Rolle zu *spielen*. Eine Rolle zu haben, bedeutet nicht zwangsläufig, sie wie ein Schauspieler zu *spielen* oder *darzustellen,* die Rolle zeigt lediglich die eigene Aufgabe und Verantwortung auf. Authentizität und Verletzlichkeit sind der einzige Weg zu echter Nähe in den auf Liebe basierenden Beziehungen. Das ist das wirkliche Paradox in Hinblick auf das Besitzen und Ausüben von Macht: zu führen und doch verletzlich zu sein.

Vom Tag der Geburt eines Kindes an wird elterliche Macht durch die vollkommene Abhängigkeit, die bedingungslose Liebe und das absolute Vertrauen des Kindes unterstützt. Kein Kaiser, Diktator, Politiker, Industrieller oder Lehrer bekommt ein solches Geschenk von seinen Untergebenen, und dennoch scheinen sich die meisten Eltern ihres großen Glücks nicht bewusst zu sein oder sie ignorieren es nach ein paar Monaten. Sie scheinen mehr mit dem „Aufziehen", „Erziehen" und „Managen" – also Manipulieren – ihrer Kinder beschäftigt zu sein als damit, dieses Geschenk wertzuschätzen und zu bewahren. Ihre Kinder mühen sich ab, zu kooperieren und mit dem fehlenden Vertrauen fertig zu werden, indem sie ihre Körper und Seelen in dem nicht enden wollenden Versuch, zu gefallen und zu überleben, verbiegen und verdrehen. Das ist das wirkliche Dilemma daran, von einer größeren Macht bezwungen zu werden.

Bei der Elternschaft gehen Macht und Verantwortung Hand in Hand. Die Macht zu manipulieren – was alle Eltern machen, ob sie nun wollen oder nicht – ist aufs Engste mit ihrer Verantwortung verbunden, den Selbstwert nicht zu behindern oder zu zerstören. Der Selbstwert ist der grundlegende präventive Gesundheitsfaktor in unserem Leben und in dem Schaffen und dem Bewahren von bedeutungsvollen persönlichen und konstruktiven sozialen Beziehungen.

Abgesehen von dieser großen Macht, die in die ursprüngliche Natur jeder Eltern-Kind-Beziehung eingebettet ist, haben Eltern auch eine eher politische Macht, die die täglichen Entscheidungen und Regeln betrifft: die finanzielle Macht, die politische Macht, die Macht, zusammen zu bleiben oder sich zu trennen, die Macht, sich selbst um die Kinder zu kümmern oder diese fremd betreuen zu lassen, und auch die physische und soziale Macht. Tatsächlich besitzen Eltern so viel Macht auf der existentiellen und auf der politischen Ebene, dass die Notwendigkeit eines neuen ethischen Kodex bezüglich des Umgangs mit Kindern viel dringender ist, als schon wieder eine neue „Elternmethode“ zu erfinden, die Eltern helfen soll, das zu bekommen, was sie wollen. Ich sehe das etwas fieberhafte Auftreten von immer neuen Erziehungsmethoden, wie wir es in den letzten zwei Jahrzehnten beobachten konnten, als die letzten Zuckungen eines aussterbenden Paradigmas. Es besteht kein Zweifel daran, dass Kinder erwachsene Führung und Begleitung brauchen, aber wir müssen uns sehr genau anschauen, auf welche Art und Weise wir diese Führung ausüben: *Authentizität (das heißt Verletzlichkeit), Empathie, persönliche Verantwortung und der Wille, zu lernen und weiter zu lernen, bilden den Kern das neuen Paradigmas.*

Für eine Vielzahl der heutigen Eltern stellt dies eine enorme und aufregende Herausforderung dar, weil sie wählen können, entweder die Werte ihrer Eltern und Großeltern weiter zu verfolgen oder einen neuen Start zu wagen. Diejenigen, die letzteres wählen, werden schnell mit der Tatsache konfrontiert, dass sie Qualitäten in sich selbst finden müssen, die ganz anders als und manchmal sogar gegensätzlich zu den Fähigkeiten sind, die von ihren Eltern hervorgehoben und betont wurden. Die gute Nachricht dabei ist, dass wir alle mit diesen Qualitäten geboren wurden, auch unsere Kinder, und dass wir so die Möglichkeit haben, unsere Gehirne durch tausende von gegenseitigen Lernprozessen zu verändern.

Kinder lernen wie Wissenschaftler und nicht durch Anweisungen, und genau so sollten auch wir mit und von ihnen lernen, um bedeutungsvolle und gesunde Beziehungen mit ihnen zu schaffen. Sozialisierung findet überall und jederzeit statt und lehrt sie, wie man sich anpasst. Nur die Eltern können sicherstellen, dass sich eine gesunde, verhältnismäßige Ausgewogenheit zwischen Individualität und Anpassung entwickeln kann und der junge Erwachsene später die Möglichkeit hat, ausgewogene Entscheidungen zu treffen. Bildungseinrichtungen tendieren dazu, zu vereinheitlichen und sich über die Schwierigkeiten (und manchmal auch Gefahren) zu beschweren, die es mit sich bringt, wenn man die Individualität jedes einzelnen Kindes berücksichtigt. Die vollkommen abwegige Idee, dass starke Individuen für die Gruppe gefährlich sind und die Vorstellung von Solidarität innerhalb von Familien und der Gesellschaft gefährden, vergiftet noch immer das Denken vieler Menschen.

Schule – ein wesentliches Hindernis für die Gesundheit

Wenn ich über „Schule“ spreche, beziehe ich mich auf die Institution Schule und die von ihr übernommene Kultur – jene Kultur, die bei einem Großteil der Kinder in den ersten drei Jahren ihres Schulbesuchs konsequent die Lebensgeister und die Freude am Lernen abtötet. Die gleiche Tragödie erleben auch immer mehr junge, begeisterte und hochmotivierte Lehrer.

Es gibt so viele verschiedenen Schulen. Manche sind großartig, viele sind gut, doch die Mehrzahl der öffentlichen Schulen sollte schon allein deshalb geschlossen werden, weil sie keine angemessene soziale Umgebung darstellen. Sie sind verantwortlich für schlechtes Lernen, zerstörerischen Druck auf Eltern und Kinder, Mobbing unter Kindern, unter Lehrern und zwischen Lehrern und Kindern und für die Ausgrenzung sowohl von Kindern als auch von talentierten und engagierten Lehrern. Mobbing ist eine systemische Reaktion auf eine mangelhafte Lernumgebung mit mangelhafter Führung. Es ist kein schlechtes Benehmen von Kindern mit faulen Eltern!

Der Durchschnitt der sogenannten „Schulabbrecher“ in Europa liegt bei 24 bis 26 Prozent, und durchschnittlich 20 bis 25 Prozent der 18- bis 30-jährigen sind praktisch Analphabeten – insbesondere in Bezug auf ihre Fähigkeiten, ihre eigene Sprache zu lesen und zu schreiben, und auf mathematische Kenntnisse und Auffassungsgabe. Diese Belege für das Scheitern der

Schule werden ergänzt durch die rapide ansteigende Anzahl von Kindern, die ausgeschlossen oder als „therapiebedürftig“ definiert werden. Sowohl Schulleiter als auch Lehrer fühlen sich mit den bürokratischen Aufgaben überfordert, und die Zahlen der an einem Burnout-Syndrom oder Stress leidenden Lehrkräfte beziehungsweise der Langzeitkrankenstände steigen in einem erschreckenden Tempo.

Es gibt zehntausende talentierte, innovative und fürsorgliche Lehrer, die man aus verschiedenen Gründen ihrer hervorragenden Fähigkeiten beraubt, so dass sie sich einer destruktiven Kultur anpassen können. Darüber hinaus ist die Ausbildung von Lehrern zweifellos völlig überholt und in keiner Weise passend für die Herausforderung, bedeutungsvolle, wechselseitige Beziehungen mit Kindern, Klassen und Eltern zu schaffen. Manche Länder versuchen, Abhilfe zu schaffen, aber leider tendieren sie zu einer Aufwertung der akademischen Fähigkeiten statt der persönlichen und zwischenmenschlichen Fähigkeiten, obwohl letztere eindeutig die entscheidende Vorbedingung dafür sind, akademisches Wissen an kleine Kinder zu vermitteln.

Das Grundproblem der Schule und des Lehrens wird offensichtlich, sobald wir einen Blick auf die Geschichte werfen. Schule war nie auf einem fundierten Wissen darüber, wie Kinder tatsächlich sind, was ihnen Antrieb gibt und wie sich ihr Gehirn während ihrer Schulzeit entwickelt und arbeitet, gegründet. Philosophie, Werte und Pädagogik der Schule gründen auf dem, was die Gesellschaft und die Wirtschaft von Kindern verlangt, sobald diese ihre Ausbildung abgeschlossen haben. Im Laufe der Zeit wurden diese zwei Faktoren – was Kinder brauchen, um zu wachsen und zu lernen, und die Erwartung der Gesellschaft – unvereinbar. Mit anderen Worten: Wenn wir unsere Aufmerksamkeit darauf richten, wie Kinder sind und was sie brauchen, werden sie nicht zu leistungsfähigen Arbeitnehmern und Bürgern heranwachsen.

Diese Annahme war zu Beginn der Industriegesellschaft richtig, da in dieser Zeit die Ausbeutung des Menschen und die Zerstörung seiner Seele der einzige Weg zu sein schien, profitabel zu sein, doch heutzutage blockiert diese Ansicht jegliche sinnvolle und tragfähige Entwicklung in der Gesellschaft.

Eine ähnliche und ebenfalls nur imaginierte Unvereinbarkeit existiert in den Köpfen der Entscheidungsträger in Bezug auf die Idee eines Bildungsplans, der beides beinhaltet, nämlich die akademische Ausbildung und die sogenannten „Freizeitaktivitäten". Letztere wurden während der vergangenen zwei Jahrzehnte systematisch gekürzt, obwohl es stichhaltige Beweise dafür gibt, dass Sport, Spiel, Tanz, Theater, Kunst und so weiter das Lernen und die Integration der theoretischen Fähigkeiten fördern. Vielleicht sollten die Politiker zwischen ihren Meetings mehr herumlaufen und spielen!

In der Europäischen Gemeinschaft wurde das „lebenslange Lernen" zu einem herausragenden Konzept für Entwicklung und wirtschaftliches Überleben. Nun ist es an der Zeit, das „lebensbasierte Lernen" zu erfinden und zu fördern, um das erste Konzept zu unterstützen und zu verbessern. Ohne diesen ganzheitlichen Ansatz werden wir unser Ziel nicht erreichen.

So gut wie keine politische Partei und kein Kultur- und Bildungsminister hat eine politische Vision in Bezug auf Schule und Ausbildung – das gilt für die ganze Welt. Im Scheinwerferlicht der berüchtigten PISA-Studien tendieren sie alle zwei Jahre zur Panik, und ihre Rhetorik dröhnt vor lauter bedeutungslosen und unfähigen Vorschlägen und Forderungen. Trotz ihrer Forderungen nach einem verbesserten theoretischen Lernen ist ihr Verhalten geprägt von begrenzter Intelligenz und Weisheit. Zur gleichen Zeit kämpfen ihre Kollegen in den Sozial- und Gesundheitsministerien mit steigenden Kosten, und niemandem scheint dabei bewusst zu sein, wie entscheidend diese drei Bereiche füreinander sind. Die mangelnde Qualität der Schulen und der Bildung ist nun schon seit Jahrzehnten für einen beträchtlichen Anteil der Kosten in den Bereichen Gesundheit und Sozialfürsorge verantwortlich.

Es war sehr interessant für mich, diese Entwicklung beziehungsweise fehlende Entwicklung mehr als 40 Jahre lang zu verfolgen – und es war erschreckend! Ich möchte nochmals hervorheben, dass es viele Ausnahmen gibt, doch noch nicht genug, um einen Trend oder gar eine Entwicklung zu formen. All die Lehrer, Direktoren und lokalen Politiker, die bewiesen haben, dass eine bessere Qualität auf allen Ebenen der Bildung auch innerhalb der Grenzen der bestehenden Gesetzgebung, des Bildungsplans und des Budgets möglich ist, haben meine größte Anerkennung. Es sind zu viele, um sie namentlich zu erwähnen, aber bedauerlicherweise auch zu wenige, um einen wirklichen Unterschied in den Köpfen der Gesetzgeber zu bewirken.

Erschreckend ist, wie sich Verantwortlichkeit und Ethik der Schule in Bezug auf ihre Beziehung zur Außenwelt verringert haben.

Kein anderes Unternehmen würde damit durchkommen, seinen Kunden die Schuld für die eigenen dürftigen Leistungen zu geben, doch genau das ist es, was wir von den Schulen hören: Die Eltern und Kinder sind schuld. Wenn die sich anders verhalten würden, wären wir viel besser!

Tatsache ist, dass unser Schulsystem mehr als ein Jahrhundert lang eine absolute, nicht hinterfragte und unangefochtene Macht gehabt hat und dass es „Management durch Angst" praktiziert hat, so lange es damit durchkam. Selbst Schulen, die bereit waren, mehr demokratische Werte einzuführen, beschweren sich über ungehorsame Schüler und kritische und fordernde Eltern. Statt mit Stolz und auf eine konstruktive und fachlich relevante Art und Weise die Führungsrolle zu übernehmen, begeben sich unsere Schulen in eine Verteidigungsposition, in der sie sich als Opfer erleben. Sie leugnen die Verantwortung, die mit ihrer in erster Linie auf der Schulpflicht beruhenden Exekutivgewalt einhergeht, und werden so zu schlechten Vorbildern für Kinder und Eltern.

Wie wir es aus anderen selbstherrlichen Systemen der Vergangenheit kennen, wird der ungehorsame Teil der Bevölkerung ausgegrenzt und/oder abgestempelt. Zu meiner Schulzeit hieß die Antwort Bestrafung, heute heißt sie Diagnose und Therapie. In einem selbstherrlichen System ist die einzige Alternative zum bedingungslosen Gehorsam der Ungehorsam. Das ist der Grund, warum meine gute Kollegin Helle Jensen und ich das Buch „Vom Gehorsam zur Verantwortung“ geschrieben haben. Ungehorsam ist lediglich das Gegenteil von Gehorsam, und es besteht kein Grund, diesen zu fördern. Verantwortung – wie in *persönlicher* Verantwortung – ist die schöpferische Alternative zum Gehorsam und die logische Konsequenz von Demokratie und Freiheit.

Der Umstand, dass unser Schulsystem immer mehr sogenannte „Verlierer“ hervorbringt, ist meiner Meinung nach nicht nur ein großes moralisches Problem, sondern auch eine der gefährlichsten Bedrohungen für die Wirtschaftlichkeit unseres Gesundheits- und Wohlfahrtssystems. Er ist außerdem äußerst kontraproduktiv in Bezug auf die allumfassende Notwendigkeit, die Verbundenheit und die gegenseitige Abhängigkeit der Menschen, ohne die wir vielleicht in keiner Hinsicht überleben könnten, zu erkennen.

Die Schulpflicht wurde ursprünglich eingeführt, um Eltern dazu zu zwingen, ihre Kinder zur Schule zu schicken statt ihre Energie, ihre Fähigkeiten und ihren Einsatz für die Unterstützung des Lebensunterhalts der Familie zu nutzen. In jener Zeit war das ein sehr geschickter politischer Schachzug. Heutzutage erscheint er vollkommen überholt, und jeder – die Staaten eingeschlossen – wäre besser dran, wenn man Kindern das *Recht* auf Bildung geben würde. Das würde die Art der Beziehung von Kindern und Jugendlichen zu *deren* Schulen und Lehrern grundlegend verändern und verbessern. Wir müssen die Eltern nicht mehr zwingen, und Kinder wollen nichts mehr, als zu lernen und ihr Potential auf allen Ebenen zu entfalten. 8 bis 10 Prozent der Kinder würden nicht zur Schule gehen, aber das ist auch jetzt schon der Fall.

Eine erfahrene Schuldirektion fasste das Thema erst kürzlich mit folgenden Worten zusammen: „Die Schule hat schon immer viele Kinder zerstört. Heutzutage zerstört sie genauso viele Lehrer. Die Anzahl der Verluste hat sich verdoppelt!“ Diese Zahl zu reduzieren, ist gar nicht so schwer, wie viele Leute denken, und niemand würde darunter leiden. Und was das Wichtigste ist: Es muss nicht länger als eine Generation dauern. Das Mittel dazu ist eine maßgebliche Verwöhnung der Lehrer durch berufliche Weiterbildung nach dem Studium, Supervision und weitere Möglichkeiten, qualitatives berufliches und persönliches Wachsen zu erlangen.

Lehrer sind im Allgemeinen engagierte und intelligente Menschen, und nach meiner Erfahrung sind die meisten von ihnen absolut fähig, der Herausforderung zu begegnen, sobald sie die Unterstützung und die Fähigkeiten, die sie so dringend brauchen, erhalten.

Was ist ein starkes Kind?

Wie ich eingangs erwähnte, beschränkt sich das Wort „Kind“ nicht auf süße Babys, entzückende Kleinkinder oder sich abquälende Teenager. Es verweist auf den existentiellen Kern in uns allen, der entweder unserem Leben Qualität und Sinn gibt oder der uns zu Opfern macht. Ein starkes Kind ist ein gesundes Kind mit einem gesunden Selbstwert, der Fähigkeit zur Empathie, einem soliden Selbstvertrauen und einer gut entwickelten Reihe von psychosozialen Fähigkeiten – ein Mensch, der sich der Liebe würdig fühlt, der selbstbewusst ist, ungezwungen mit anderen umgehen kann und der sich seiner Abhängigkeit von und Verbundenheit mit allen anderen Menschen bewusst ist.

Versuchen Sie, die oben stehende Definition noch ein paar Mal zu lesen, und überlegen Sie gut, ob es das ist, was Sie sich für Ihr Kind, Ihre Schüler, Ihre Studenten oder Ihre Patienten wünschen.

Vielleicht ist es nicht das, was Sie wirklich wollen. Vielleicht wünschen Sie sich einen „Gewinner“ im eher herkömmlichen Sinne? Jemanden, der zuerst kommt und alle hinter sich lässt, egal was es kostet. Vielleicht wünschen Sie sich eine nette, ruhige und berechenbare Person, die mit der Hintergrundtapete harmoniert – was auch immer *das* kostet? Vielleicht möchten Sie auch nur Harmonie und Frieden und hier und jetzt aufgeben und auf das Beste hoffen?

Denken Sie darüber nach, und denken Sie angestrengt darüber nach, denn Sie haben die Macht, die ersten 14 Jahre Ihres Kindes, das Selbstvertrauen Ihrer Studenten und das Selbstbild Ihres Patienten zu beeinflussen. Überlassen Sie die Verantwortung nicht der Gesellschaft, denn die Gesellschaft ist per Definition verantwortungslos. Sie und ich sind ein Teil dieser Gesellschaft – und zwar der einzige Teil, der Verantwortung ausüben kann.

Da die meisten von uns mit einer ansehnlichen Menge an Schuld und Scham erzogen wurden, fällt es uns schwer, uns zu verändern, ohne uns dabei zu fühlen, als hätten wir bisher alles falsch gemacht. Statt uns unsere Verantwortlichkeit einzugestehen, versuchen wir lieber, Anschuldigungen zu vermeiden. Es hilft, wenn wir verstehen, dass wir ohne Scham und Schuld geboren wurden und dass Erwachsene, die es auch nicht besser wussten, uns diese selbstzerstörerischen Gefühle aufgezwungen haben. Es kann sein, dass Sie sie niemals loswerden, aber diese Gefühle sind nicht dazu geeignet, Ihr Leben zu kontrollieren oder Sie in eine gesunde Richtung zu führen. Nähren Sie diese Gefühle nicht mit Ihrem Gehorsam! Wenn Sie das tun, geben Sie sie auch an Ihre Kinder weiter und nehmen diesen so die Kraft.

Ein starkes und gesundes Kind ist in erster Linie ein Kind mit einem gesunden Selbstwert und so viel Selbstvertrauen, wie ihm seine Fähigkeiten und seine Begabungen aufzubauen erlauben. Ein gesunder Selbstwert bedeutet, eine nüchterne, differenzierte und annehmende Wahrnehmung desjenigen, der wir sind, zu haben – ein realistisches und nicht wertendes Selbstbild.

Ein gesunder Selbstwert ist das effizienteste psychosoziale Immunsystem, das wir kennen. Es schützt vor Drogenmissbrauch, Essstörungen, Ritzen, Selbstmord und Selbstmordabsichten, Kriminalität, Gewalt und all den anderen Dingen, von denen wir uns wünschen, dass unsere Kinder nicht dazu neigen mögen.

Andererseits befähigt er das Kind oder den jungen Menschen dazu, ja und nein zu sagen – ja zu sich selbst und seinen persönlichen Grenzen, Werten, Gedanken und Gefühlen und nicht zu denen, die Gehorsam und Unterwerfung verlangen. Die Frage ist, ob wir das auch wollen? Wir wollen es für junge Erwachsene, denn es schützt sie und uns vor einer Menge Schmerz, aber wollen wir das auch für unsere Kinder, wenn sie ein, zwei, vier, sieben und fünfzehn Jahre alt sind?

Die allgemeine Haltung und das Verhalten sowohl von Eltern als auch von Lehrern deutet darauf hin, dass die wahre Antwort „nein" lautet. Das ist bedauerlich, denn ein gesunder Selbstwert, der während der Kindheit nicht wachsen und sich entfalten darf, braucht in den folgenden Jahren des Lebens viel Mühe und führt zu einer Menge Schmerz und dem Gefühl, abgetrennt zu sein.

Viele Lehrer und Vorschullehrer sind wirklich verunsichert, weil sie im Laufe der letzten zwei Jahrzehnte so vielen „egozentrischen" Kindern begegnet sind. Diese Kinder sind jedoch keine Kinder mit einem gesunden Selbstwert, sondern Kinder mit einem aufgeblähten, dominanten Ego – ein Resultat von elterlichem Verwöhnen, überflüssigem Lob und einer Gesellschaft, die dieses Verhalten fördert. Kinder, die geliebt und wertgeschätzt werden, wie sie sind, missachten andere nicht, und sie fühlen sich weder minderwertig noch überlegen.

Es gibt viele Möglichkeiten, wie Erwachsene die Entwicklung eines gesunden Selbstwertes unterstützen können. Viele meiner Bücher handeln davon. Hier möchte ich mich auf die allgemein übliche Haltung von Erwachsenen konzentrieren, die auf dem vollständigen Fehlen von Vertrauen in den Wunsch und die Fähigkeit der Kinder, zu kooperieren und sich anzupassen, zu beruhen scheint.

Die historischen Wurzeln dieses fehlenden Vertrauens lassen sich leicht ausgraben: Sie sind in den letzten Jahrhunderten im Zuge der Nachfrage nach gut angepassten, sich unterwerfenden, unterlegenen und gehorsamen Bürgern, Soldaten, Lehenbesitzern und Arbeitern entstanden und stärker geworden. Wenn Kinder Selbstwert entwickeln dürfen, unterwerfen sie sich nicht mehr Regeln oder Gesellschaften, die ihnen die menschliche Würde nehmen. Um dieses Ziel zu erreichen, muss jedes Zeichen von Individualität und Widerstand aus ihrem Verhalten und auch aus ihren Köpfen entfernt werden.

Heute wissen wir, dass Kinder ein nahezu unvorstellbares Verlangen nach Kooperation in sich tragen, was ein sehr komplexes Phänomen darstellt. Ich möchte nur ein einfaches Beispiel nennen: Zwei Erwachsene beschließen, ein Kind aus China zu adoptieren. Aufgrund des Alters der Eltern haben sie die Möglichkeit, ein fast zwei Jahre altes Mädchen zu adoptieren. Bei seiner Ankunft in Dänemark sieht das Mädchen aus wie eine Chinesin, denkt wie eine Chinesin und verhält sich wie eine Chinesin, und all seine Erwartungen entsprechen der chinesischen Kultur. Doch nur zwei bis drei Jahre später macht das Mädchen alles auf Dänisch. Das ist ein Meisterwerk an Anpassung, zu dem kein Erwachsener fähig gewesen wäre, selbst wenn er dafür ein Leben lang Zeit gehabt hätte. Unser derzeitiges fehlendes Vertrauen in Kinder hat seine besonderen historischen Wurzeln, aber es hat nichts damit zu tun, wie Kinder geboren werden.

Der Selbstwert und der Wert jedes Einzelnen kamen nach dem Zweiten Weltkrieg auf unsere Tagesordnung. Wir haben also erst seit einem halben Jahrhundert Zeit zu üben, wohingegen das Fehlen von Vertrauen und das aufgezwungene Konzept von Gehorsam Jahrhunderte lang existierten. Sie fragen sich vielleicht, was falsch sein soll an Gehorsam? Die Antwort darauf ist zweigeteilt, denn die Fähigkeit, sich anzupassen und gehorsam zu sein, ist sowohl notwendig als auch gut für uns alle. Sie ermöglicht die Entwicklung von Selbstdisziplin und Hingabe. Andererseits macht Gehorsam es schwierig oder sogar unmöglich, sich als Individuum zu entwickeln. Die optimale Voraussetzung für Leben und Lebensqualität ist, dass wir uns frei entscheiden können, wann und wem wir gehorchen wollen und wann es notwendig ist, unsere persönliche Integrität zu schützen und Verantwortung zu übernehmen. Die Fähigkeit zu wählen, bewahrt Menschen vor der Unterdrückung.

Von Kindern und Jugendlichen prinzipiell Gehorsam zu verlangen, hält sie ganz einfach davon ab, einen gesunden Selbstwert zu entwickeln, und das macht sie verletzlich und krank. Das Gleiche gilt für das fehlende Vertrauen, das die Art und Weise, wie viele Eltern ihre Kinder aufziehen, begleitet. Die beste Form der Kindererziehung ist der fortwährende Dialog, in dem sich beide Seiten besser kennen lernen und in dem sich Kinder die Erfahrungen und die Weisheit ihrer Eltern freiwillig zu Nutze machen können. Das hat nichts zu tun mit einer romantischen kinderfreundlichen Auffassung oder einer lieblichen humanistischen Ideologie. Es ist eine Einladung, die auf eindeutigen Beweisen und Erfahrungen beruht. Die entscheidende Frage könnte sein, ob wir, um unsere Kinder vor Verletzungen zu schützen, gewillt und mutig genug sind, selbst verletzlich zu sein.

Unsere kollektive Illusion

Wir scheinen mit der Illusion zu leben, dass es uns hinsichtlich unserer mentalen und psychosozialen Gesundheit relativ gut geht, doch dem ist nicht so. Die Zahl der Krankheiten, die auf unseren Lebensstil zurückzuführen sind, steigt, ebenso die Zahl von jungen Menschen, die Erwerbsunfähigkeitsrente beziehen, und von Kindern mit „sonderpädagogischen Bedürfnissen". Der Konsum von legalen und illegalen Drogen unter den sogenannten gut funktionierenden Erwachsenen befindet sich auf einem Rekordhoch. Der Prozentsatz von chronisch Alkoholabhängigen steigt ebenso wie die Selbstmordrate bei Kindern und Jugendlichen. Jeden Tag gibt es mehr Arbeitssüchtige, Kaufsüchtige, Sex- und Glücksspielsüchtige und andere Abhängigkeiten. Die Anzahl von Diagnosen und medikamentösen Behandlungen von Kindern und Jugendlichen steigt in einem unglaublichen Tempo, und genauso unglaublich ist der Prozentsatz von Kindern, die in die Kinder- und Jugendpsychiatrie und in Spezialkliniken, die auf kindliche Stresssymptome spezialisiert sind, aufgenommen werden.

Zeitgleich werden unfassbare Zahlen von sexuellem Missbrauch von Kindern, häuslicher Gewalt und sexuellen Übergriffen auf Frauen aufgedeckt. Die großartige Erfindung Internet belegt, dass Abermillionen von erwachsenen Männern, Vätern, Priestern, Führungskräften und Busfahrern von Pornografie abhängig werden, was tragische Folgen für ihre mentale und emotionale Verfassung und für ihre Partnerinnen und Kinder hat.

Ich bin sicher, dass Sie wissen, dass diese Liste noch viel länger sein könnte, aber meine Aufzählung müsste ausreichen, um die Frage zu stellen: „Wem wollen wir hier eigentlich etwas vormachen?" Es macht Sinn, zu argumentieren, dass eine Menge dieser Symptome damit zusammenhängen, dass viele alte Paradigmen in die Brüche gehen – Paradigmen im Zusammenhang mit der Wirtschaft, den Finanzen, der Politik und dem Handel. Sie alle hatten ihre glorreichen Tage, aber das war einmal.

Gemeinsam mit all diesen Symptomen ist ein wahrer Wald von helfenden Berufen herangewachsen. Viele dieser Berufe haben sich als machtlos erwiesen. Unsere therapeutischen Versuche, Kindern und Jugendlichen in Not zu helfen, haben eine Erfolgsrate von 5 bis 25 Prozent, je nachdem, welches Land man sich anschaut. Wenn man berücksichtigt, dass ein Großteil dieser Helfer und Therapeuten nur mit den Symptomen und meistens in einem Einzelsetting arbeiten will oder darf, könnte man diesen Prozentsatz fast schon als Erfolg bezeichnen – wenn da nicht die restlichen 75 Prozent wären, die konsequent entweder als „nicht erreichbar" oder einfach als Verluste abgestempelt werden. Wenn 28 Prozent der Schulkinder einer Gemeinde als „psychotherapiebedürftig" bezeichnet werden, spiegelt das lediglich die Tatsache, dass die helfenden Berufe diesen Kindern genau mithilfe des Paradigmas, das die Kinder unglücklich gemacht hat, zu helfen versuchen, und auf diese Weise werden sie niemals Erfolg haben. Kein Wunder also, dass die Pharmaindustrie einen großen Reibach macht.

Es gibt allerdings einen entscheidenden und üblen Unterschied zwischen der Art, wie wir Erwachsenen und wie wir Kindern zu helfen versuchen. Alle modernen Psychotherapien (abgesehen von den behavioristisch orientierten Modellen) und auch die körperbezogenen Therapien versuchen, ihren erwachsenen Klienten auf eine Art und Weise zu helfen, die diesen ermöglicht, in Kontakt mit sich selbst, ihrer Geschichte, ihren Emotionen, Werten, Grenzen, Potenzialen und der Art, wie sie Entscheidungen treffen, zu kommen. Sie geben wirklich ihr Bestes, um den Einzelnen zu befreien und dessen Selbstwertgefühl zu verbessern, und sie haben damit oft Erfolg. Sie vertreten die tiefgründigsten Interessen ihrer Klienten.

Wenn nun genau diese Therapeuten oder ihre Kollegen versuchen, Kindern und Jugendlichen zu helfen, geht es nur darum, deren Verhalten und deren Anpassung an eine unzulängliche pädagogische Einrichtung oder Familie von Symptomen zu befreien. Der Erfolg der Behandlung wird an der Beseitigung des konkreten Symptoms gemessen. Unprofessioneller kann man gar nicht arbeiten!

Wann haben sie zuletzt einen Therapeuten gesehen, der ein Kind an der Hand nahm und dessen Kindergarten oder Schule mit dem Vorschlag konfrontierte, dass sie ihre Methoden ändern sollten, damit das Kind gedeihen und sich zu einem starken und gesunden Menschen entwickeln kann? Vermutlich niemals oder vielleicht ein- oder zweimal? Fachkräfte, die mit Kindern und Jugendlichen arbeiten, sind nicht dazu da, die Lebensqualität ihrer Klienten zu verbessern, sondern sie versuchen lediglich, ihre Arbeitgeber und die Institutionen, denen sie dienen, zufriedenzustellen. In den meisten Fällen sehen sie sich selbst nicht so, aber das ist es, was sie wirklich tun. Wenn sie Erwachsene genauso behandeln würden, hätten sie entweder keine Klienten mehr oder sie würden ihren Job verlieren.

Vielleicht ist die Zeit für diese Fachkräfte gekommen, sich ihre Berufsmoral und ihre beruflichen Ziele und Methoden einmal ganz genau anzusehen und dann entweder ihre Richtung zu ändern oder ihren Klienten zumindest die Wahrheit zu sagen. Hinsichtlich ihres Arbeitsplatzes und ihrer Bezahlung wäre das nur in ihrem Sinne, denn es ist nur eine Frage der Zeit, bis die Regierung und die lokalen Politiker merken, dass sie Unmengen an Geld für sehr armselige Ergebnisse ausgeben. Politiker denken und handeln nicht in Qualitätsmaßstäben, was zählt, ist die Quantität. Traurig dabei ist, dass wir für das gleiche Geld viel mehr Qualität abliefern könnten. Das einzige, was wir ändern müssten, ist unsere eigene Einstellung.

Ich treffe diese Fachkräfte jeden Tag, und sie sind alle wundervolle und engagierte Menschen. Viele von ihnen sind sich der Lage der Dinge voll bewusst, fühlen sich aber in Systemen gefangen, die den Blick auf berufliche Werte verloren haben, die vollständig von bürokratischen Werten dominiert sind und die besessen sind von dem Gedanken an Kostenreduktion als scheinbar einzigem Weg zu einer tragbaren Bilanz. Die entsprechenden Politiker könnten ihre Meinung ändern, aber nur, wenn die Fachleute beginnen, ihre berufliche Würde, ihr Wissen, ihre Weisheit und ihre moralische Integrität viel ernster zu nehmen. Das bedeutet, das neue Paradigma „Vom Gehorsam zur Verantwortung" anzunehmen, was zwar Mut erfordert, sich aber letztlich bezahlt macht durch mehr Stolz und Zufriedenheit im Beruf und folglich viel weniger Stress, Sorge und Hilflosigkeit.

familylab.de – die familienwerkstatt

www.familylab.de
www.familylab.at
www.familylab.ch

familylab.de – die familienwerkstatt ist eine unabhängige Organisation, und die Adresse für Eltern, Lehrer, Mitarbeiter in Unternehmen, die eine solide Basis im Umgang miteinander finden wollen. Für Menschen, die gerne ihre eigenen Werte, im Dialog mit den Erfahrungen von Jesper Juul und familylab bezüglich Familienleben und Kindererziehung, entwickeln wollen.

In der *familienwerkstatt* sind wir Spezialisten darin, Vorträge und Seminare zu gestalten, in denen Eltern und professionelle Fachleute Anregungen und Ideen zu ihrer Arbeit finden können. Und um die bestmögliche Chemie innerhalb der Familie, zwischen Kindern und Erwachsenen, wie auch in Beziehungen innerhalb von Schulen und Betrieben, zu schaffen.

Zum einen haben wir den Wunsch, durch Vorträge, Seminare, Workshops, Symposien, Bücher, Artikel und Filme für Eltern und für Fachleute, die psychosoziale Gesundheit und das Wohlergehen der heutigen und zukünftigen Eltern und Kinder zu verbessern. Damit wollen wir die vielen unterschiedlichen Familien darin unterstützen, gesunde Beziehungen zu schaffen, ohne Gewalt und Missbrauch bei Kindern, Jugendlichen und Erwachsenen.

Zum anderen wollen wir durch öffentliche Bildung, Dialoge, Formulierung von Werten und dem Verbreiten von relevanten, wissenschaftlichen Erkenntnisse die Art und Weise beeinflussen, wie Männer und Frauen über ihre Familien denken und sie aufbauen. Ebenso wollen wir die Werte und das Verhalten in Kinderkrippen, Kindergärten und Schulen so beeinflussen, dass eine optimale Umgebung für ein gemeinsames, soziales, emotionales, kreatives und akademisches Lernen entsteht.

Unsere Vision sind Familien, Institutionen und Gesellschaften mit viel weniger Gewalt, Missbrauch, Sucht und Vernachlässigung. Wir wollen allen guten Willen, Liebe und Hingabe mobilisieren, innerhalb von Familien, Organisationen, wie auch in der Gesellschaft als Ganzem.

»Das Schlüsselwort heißt Beziehung. Ihre Qualität entscheidet über unser Wohlbefinden und unsere Entwicklung als Mensch. Kinder werden mit allen wesentlichen menschlichen Qualitäten geboren und haben daher auch dieselbe Verletzlichkeit und Überlebensfähigkeit wie Erwachsene. Eltern zu sein bedeutet, eine Rolle im Leben einzunehmen, die uns vor große Herausforderungen stellt. – Das sogenannte Problem oder Symptom ist nicht so wichtig. Wichtig ist die Person, die das Symptom trägt. Wir können das Problem nicht lösen, aber wir können Menschen darin unterstützen, destruktive Systeme, Perspektiven und Verhalten ins Konstruktive zu wandeln.« Jesper Juul